**어린이 고양이 백과**

# 처음 만나는 냥냥이

초판 1쇄 인쇄 2023년 9월 1일
초판 2쇄 발행 2025년 4월 21일

글  반려동물을 사랑하는 모임

펴낸곳  대림출판미디어
펴낸이  유영일
마케팅  신진섭
등록  제2021-000005호
주소  서울시 영등포구 대림로34다길 16, 다청림 101동 301호
전화  02-843-9465
팩스  02-6455-9495
E-mail  yyi73@naver.com
Tistory  https://dae9495.tistory.com

ISBN  979-11-92813-12-7
      979-11-92813-11-0(세트)

※ 값은 뒤표지에 있습니다. 잘못된 책은 바꾸어 드립니다.

어린이 고양이 백과

# 처음 만나는 냥냥이

대김아이

 차례

머리말 … 6

### 01 이쁜 냥냥이

1. 노르웨이 숲 고양이 Norwegian forest cat … 8
2. 데본 렉스 Devon Rex … 10
3. 랙돌 Ragdoll … 12
4. 라가머핀 Ragamuffin … 14
5. 라팜 LaPerm … 16
6. 러시안 블루 Russian Blue … 18
7. 맹크스 고양이 Manx cat … 20
8. 먼치킨 Munchkin … 22
9. 메인 쿤 Maine Coon … 24
10. 발리네즈 Balinese … 26

기억력 테스트 … 28

### 02 귀여운 냥냥이

11. 버만 Birman … 30
12. 버미즈 Burmese … 32
13. 봄베이 Bombay cat … 34
14. 브리티시 쇼트헤어 British Shorthair … 36
15. 아메리칸 쇼트헤어 American shorthair … 38
16. 시베리안 고양이 Siberian … 40
17. 샴 고양이 Siamese cat … 42
18. 샤트룩스 Chartreux … 44
19. 셀커크 렉스 Selkirk Rex … 46
20. 소말리 somali, Felis catus … 48

기억력 테스트 … 50

## 03 멋있는 냥냥이

21. 아비시니안 고양이 Abyssinian cat … 52
22. 스핑크스 Sphynx … 54
23. 싱가퓨라 Singapura … 56
24. 하바나 브라운 Havana brown … 58
25. 아메리칸 밥테일 American bobtail … 60
26. 아메리칸 컬 American curl … 62
27. 페르시안 고양이 Persian cat … 64
28. 스코티시 폴드 Scottish Fold … 66
29. 오리엔탈 Oriental … 68
30. 오시캣 Ocicat … 70
기억력 테스트 … 72

## 04 매력 있는 냥냥이

31. 이그저틱 exotic … 74
32. 이집션 마우 Egyptian Mau … 76
33. 자바니즈 Javanese … 78
34. 코니시 렉스 Cornish Rex … 80
35. 코라트 Korat … 82
36. 터키시 반 Turkish Van … 84
37. 터키시 앙고라 Turkish Angora … 86
38. 통키니즈 Tonkinese … 88
39. 아메리칸 와이어헤어 American wirehair … 90
40. 한국 고양이 … 92
기억력 테스트 … 94

**좀 더 알아보기** … 95
**정답** … 96

 **머리말**

# 반려동물
### 사람이 정서적으로 의지하고자 가까이 두고 기르는 동물

  반려동물을 키우는 것은 모든 아이들이 어른이 되어서도 기억하는 경험 중 하나입니다.

  동물은 아이들에게 큰 교훈을 줄 뿐만 아니라 사랑을 전해주기도 합니다.

  오늘날 강아지와 더불어 아이들이 좋아하는 고양이는 마음을 나누고 의지하는 가족으로 발전하게 되었고 곁에 있으면 아이들은 좋은 태도와 스스로 자기를 존중하는 마음도 향상되며 안정감을 느끼게 됩니다. 또한, 아이들은 나의 고양이가 행복한지, 피곤한지, 슬픈지를 알아볼 수 있게 되어 감정을 공감하는 법을 알게 되기도 합니다.

  이 책을 읽는 우리 친구들이 여러 종류의 고양이를 알기 쉽게 중요한 정보를 소개하였습니다.

  혹시 고양이를 키우고 싶다면 또는 고양이에 대해 알고 싶다면 준비 과정으로 미리 익혀 두면 어떠할까요.

  여러분의 반려동물 고양이가 건강하고 행복해지는 데 조금이나마 도움이 되길 바랍니다.

# 01 이쁜 냥냥이

 **1. 노르웨이 숲 고양이** Norwegian forest cat

 **2. 데본 렉스** Devon Rex

 **3. 랙돌** Ragdoll

 **4. 라가머핀** Ragamuffin

 **5. 라팜** LaPerm

 **6. 러시안 블루** Russian Blue

 **7. 맹크스 고양이** Manx cat

 **8. 먼치킨** Munchkin

 **9. 메인 쿤** Maine Coon

 **10. 발리네즈** Balinese

# 1. 노르웨이 숲 고양이
## (Norwegian forest cat)

| 자라난 곳 | 노르웨이 |
|---|---|
| 몸무게 | 약 4~10kg |
| 발생 | 자연 발생 종★ |

   노르웨이 숲 고양이는 노르웨이어로 'Skog(숲) katt(고양이)'의 합성어를 의미한다고 해요.

   북유럽 지방의 매우 추운 곳에서 적응한 품종으로 추운 날씨를 이겨내야 했기에 방한(추위를 막음), 방수(물을 막음)가 되는 풍성한 이중모를 지녔어요.

   속 털은 두껍고 빽빽하며 겉 털은 풍성하고 특히 목덜미에 털이 매우 많으며 귀 안쪽에는 바람과 눈을 막아주는 긴 털이 있답니다.

   성격은 온화하고 친근한 성격으로 장난치며 노는 것을 매우 즐겨 어린아이들과도 잘 어울린답니다. 야외를 좋아해 우리나라에서는 산책냥이로 잘 알려져 있다고 해요.

   주인에 대한 애착이 강하고 애교가 많으며 높은 곳을 좋아해 집안의

---

★ **자연 발생 종** 인간의 개입 없이 자연적으로 발생한 종을 말합니다.

높은 곳에 오르는 습성이 있어요. 또한, 튼튼한 골격과 잘 발달한 근육을 가지고 있어 잔병치레가 거의 없는 편이라고 해요.

북유럽 신화에서 나오는 가장 아름다운 여신 프레이야는 두 마리의 고양이가 끄는 마차를 타고 이동하였는데 바로 그 고양이가 노르웨이 숲 고양이라고 하네요.

## 2. 데본 렉스
### (Devon Rex)

| 자라난 곳 | 영국 |
|---|---|
| 몸무게 | 약 3~5kg |
| 발생 | 돌연변이 |

데본 렉스는 1979년에 국제 고양이 애호가 협회(CFA)에서 정식 공인되었다고 해요.

머리는 작고 위쪽으로 치켜 올라간 타원형 눈, 특히 뒷다리가 길며 얼굴에 비해 커다란 큰 귀를 가지고 있어 '외계인 고양이' 또는 '요정 고양이'라고 불리기도 해요.

털은 곱슬곱슬하고 매우 부드러운 짧은 털을 가지고 있으며 단단한 근육질의 몸을 덮고 있어요.

겉보기에는 다소 날카로워 보이는 인상을 주지만, 실제로는 매우 애교 있고 쾌활하여 집고양이로도 인기가 좋다고 해요.

점프를 상당히 높이 뛸 수 있어 높은 벽장, 선반 그리고 좁은 틈새를 좋아하며 활동적이고 장난스러워 사람과 같이 있는 것도 좋아한답니다. 또한, 사람에게는 자주 다가가 무릎에 앉거나 얼굴을 비비며 종종 어깨에 올라가기도 해요.

  다른 품종에 비해 매우 똑똑하고 다른 동물과도 잘 어울려 개냥이*라고도 하며 관리가 쉬워 강아지가 하는 훈련도 잘 받을 수 있어요. 그러나 익숙하지 않은 환경이나 처음 보는 사람을 접할 때는 신경질적이고 겁도 많은 편이라고 하네요.

---

**개냥이** 개처럼 애교가 많고 사람을 잘 따르는 고양이.

# 3. 랙돌
(Ragdoll)

| 자라난 곳 | 미국 |
| --- | --- |
| 몸무게 | 약 6~10㎏ |
| 발생 | 인공 종 |

랙돌은 봉제 인형이라는 뜻으로 사람이 안았을 때 힘을 빼고 축 틀어져 안기기 때문에 이름이 붙여졌으며 1960년 미국의 앤 베이커가 조세핀이라는 고양이와 버만 고양이를 교배해서 개발한 품종이라고 해요.

푸른색 눈을 가지고 있는 랙돌은 약 4년에 걸쳐 성장하는 고양이로 겉 털과 속 털이 부드럽고 촘촘하게 나 있으며 일반적으로 바탕색은 흰색이나 흐린 노란색 등 옅은 색이며 귀, 코, 꼬리, 발은 붉은색, 밝은 갈색, 초콜릿색 등 다소 짙은 색을 띤다고 해요.

튼튼한 근육질의 체형과 느긋하며 여유로운 성격을 지닌 이 품종은 매우 온순하여, 다루기 쉽고 관리하기에도 편하다고 하네요. 공격성이 낮고 인내심이 높아, 어린아이가 있는 가정이나 다른 고양이와 함께 있기에 이상적인 집고양이라고 해요.

# 4. 라가머핀
## (Ragamuffin)

| 자라난 곳 | 미국 |
| --- | --- |
| 몸무게 | 약 3~10㎏ |
| 발생 | 인공 종 |

　라가머핀은 1960년 미국의 앤 베이커가 원하는 특징의 고양이를 교배를 통해 만든 랙돌 고양이에서 유래 되었어요. 그러나 새로운 종으로 인정을 못 받아 고양이협회에서는 등록할 수 없게 제한하였답니다. 이에 불만을 가지고 있던 사람들이 1990년에 랙돌 이름 대신 라가머핀이라는 이름을 새로 짓고 히말라얀 고양이와 페르시아 고양이 등과의 교배를 통해 더욱 다양하고 아름다운 모습으로 갖추어졌어요. 그 후 새로운 종으로 인정받았다고 해요.

　라가머핀은 성장이 느려 4년 정도 되어야 완전히 성장하여 본 모습을 볼 수 있다고 해요. 외모는 당연히 랙돌 고양이와 많이 닮았으나 가장 큰 차이는 랙돌의 눈동자는 무조건 파란색인 반면 라가머핀은 다양한 눈동자 색을 가지고 있다고 해요.

　영리하고 상냥하며 사람을 좋아하는 성격을 가진 이 고양이는 가족

구성원들과 잘 지내며 어린이가 있는 집에서도 키우기 좋다고 해요. 또한, 공격적인 요소가 거의 없다는 점에서 다른 동물과도 편안하게 어울리는 전형적인 개냥이 스타일로, 가정에서 키우는 데 정말 좋은 조건을 갖추고 있는 고양이에요.

# 5. 라팜
(La Perm)

| 자라난 곳 | 미국 |
|---|---|
| 몸무게 | 약 4~6kg |
| 발생 | 돌연변이 |

라팜은 1982년 미국의 한 농장에서 새끼 고양이 여섯 마리가 태어났는데 그중에 한 마리가 다른 새끼들과 달리 온몸에 털이 나지 않았어요. 그러나 두 달 후 털이 나기 시작했고 3~4개월 뒤 곱슬거리고 부드러운 털이 자라기 시작했지요. 이후 이 고양이가 개량되어 현재의 라팜이 되었다고 해요. 1997년 국제 고양이 애호가협회(CFA)에 인정받았어요.

다양한 색상을 가지고 있는 라팜은 털이 쉽게 엉키지 않아 관리가 간편

하며, 길고 유연한 수염을 자랑해요. 더욱이 일반 고양이에 비해 알레르기를 더 적게 일으킨다고 알려져 있어요.

  늘씬한 체형으로 활동적이고 애교 많은 성격 덕분에 사람과 함께 뛰어놀기를 좋아하는 라팜은 운동량이 많고 추위에 강하며 농가의 고양이였던 성질이 남아 놀라운 쥐 사냥 능력을 발휘한다고 하네요.

# 6. 러시안 블루
## (Russian Blue)

| 자라난 곳 | 영국 |
|---|---|
| 몸무게 | 약 3~7㎏ |
| 발생 | 자연 발생 종 |

러시안 블루는 러시아의 항구 도시 아르한겔스크에서 선원들에 의해 영국에 전해진 이후 교배를 통해 현재의 외모를 갖게 되었어요.

탄탄하고 날렵한 몸에 은빛을 띤 푸른색 털이 촘촘히 덮여 있는 게 특징이며, 머리는 V형에 이마가 평평하고 목이 길며 가늘어요. 눈은 어렸을 때 황금색에서 성장하면서 초록색으로 바뀌는 것이 신기하다고 하네요.

매우 조용하고 온순한 성격으로 거의 울지 않고, 소리가 작아서 아파트와 같은 곳에서도 인기가 많답니다.

애교가 많고 주인이나 가족에 대한 감정에 민감하게 반응하나 낯선 사람에게는 경계심이 있어 낯을 많이 가린다고 해요. 또한, 주변 환경에 예민하여 시끄러운 소리가 들리면 깜짝 놀라 스트레스를 많이 받는 성격으로 특별히 신경을 써주어야 하며 적절한 운동을 하지 않으면 비만이 될 위험이 있어, 캣 타워나 놀이를 통해 활동량을 높여주는 것이 좋다고 해요.

# 7. 맹크스 고양이
## (Manx cat)

| | |
|---|---|
| 자라난 곳 | 영국 맨섬 |
| 몸무게 | 약 3~6kg |
| 발생 | 돌연변이 |

맹크스 고양이는 몸길이가 28~30cm정도로 꼬리가 짧거나 아예 없는 게 가장 큰 특징이며 뒷다리가 앞다리보다 길고 옆에서 보면 어깨보다 허리가 더 높게 있어요. 둥근 엉덩이를 흔들며 토끼처럼 뛰는 듯한 독특한 걸을걸이로 토끼 고양이라는 별칭도 있답니다.

또한, 맹크스 증후군(꼬리가 없거나 짧은 고양이)이 있는 고양이끼리 교배로 태어난 새끼는 오래 살 가능성이 낮다고 해요.

성격은 온순하고 조금 소심하지만 영리해요. 장난을 아주 좋아하고 주인에 대한 사랑이 깊어서 키우기에도 좋고 아이들이나 다른 동물들과도 잘 어울리는 편이라 가정에서 기르기에 적합한 품종이에요.

## 꼬리가 사라진 이유

전설에 따르면, 노아의 방주에서 동물들을 모았을 때, 맹크스 고양이는 낮잠을 자고 있었어요. 방주의 문이 닫히기 직전에 뛰어들어간 맹크스는 그 급한 상황에서 꼬리가 낀 바람에 꼬리가 잘렸다고 하네요. 🙂

# 8. 먼치킨
## (Munchkin)

| 자라난 곳 | 미국 |
|---|---|
| 몸무게 | 약 3~5㎏ |
| 발생 | 돌연변이 |

　먼치킨은 1980년대에 자연 발생한 돌연변이종으로 개들 중에서 웰시코기나 닥스훈트의 체형처럼 다른 고양이에 비해 다리가 매우 짧은 것이 특징이며 먼치킨이라는 이름은 〈오즈의 마법사〉에 나오는 키 작은 주민인 먼치킨에서 유래되었다고 해요.

　짧은 다리임에도 불구하고, 운동 능력이나 기능에는 문제가 없으며, 날렵한 속도와 민첩함을 자랑해요. 코너를 돌 때도 매우 매끈하고, 놀라울 만큼 운동 신경이 좋답니다. 그렇지만, 다리가 짧아 높은 곳으로 잘 뛰어 올라가지 못한다고 해요.

　호기심 많고 사교적인 성격 덕분에 놀기를 즐기며, 밝은 에너지로 어린아이나 개 등과도 쉽게 친해져요. 그러나 환경 적응력은 좋으나 다른 고양이 품종에 비해 혼자 있을 때 외로움을 더 잘 탄다고 해요.

# 9. 메인쿤
## (Maine Coon)

| | |
|---|---|
| 자라난 곳 | 미국 |
| 몸무게 | 약 5~10kg |
| 발생 | 자연 발생 종 |

　메인 쿤은 미국 북동쪽에 위치한 메인주에서 발생한 품종으로 메인주의 이름 '메인'과 너구리를 닮은 모습에서 '쿤'을 따서 메인 쿤이라고 불렀어요.

　고양이 중 가장 큰 것으로도 유명하며 주로 쥐를 잡는 용도로 사육되었다고 해요. 2010년 기네스북 '세계에서 가장 큰 고양이' 길이가 123cm로 이 고양이가 메인 쿤이라고 하네요.

　메인주의 겨울은 무척 춥고 눈이 많이 와서 추위를 이길 털이 필요했지요. 메인 쿤은 이러한 환경에 적응하기 위해 방수 기능을 가진 촘촘한 털을 갖고 있답니다. 목 주변, 귀와 발가락 사이에는 추위를 막아줄 털이 풍성하게 자라 있으며 눈 위에서도 잘 걷는 근육질의 탄탄한 체형을 가진 고양이지만 더운

날씨에는 취약하다고 하네요.
 탄탄한 외모와는 다르게, 메인 쿤은 '온순한 거인'이라는 애칭으로 불린 만큼 사랑스러운 성격과 사교성이 풍부하며, 사람과 다른 동물들과도 유순하게 잘 어울린다고 해요. 또한, 영리하고 호기심이 많은 이들은 넓은 공간에서 돌아다니며 탐험하는 것을 좋아하는 편이기 때문에, 충분한 공간을 확보해서 적합한 환경을 제공해주는 것이 좋다고 해요.

# 10. 발리네즈
(Balinese)

| 자라난 곳 | 태국 |
|---|---|
| 몸무게 | 약 3~5kg |
| 발생 | 돌연변이 |

　발리네즈는 샴 고양이의 돌연변이로 태어나 터키시 앙고라와 교배로 생겨났으며 겉모습은 샴 고양이와 거의 유사한 외형과 털색을 가지고 있어요. 그러나 털 길이가 샴 고양이보다 길어 긴털 샴 고양이라고 불리기도 했어요.

　풍성하고 긴 꼬리를 가진 발리네즈는 그들의 경쾌한 걸음걸이와 함께 털이 살랑거리는 모습이 발리 댄서를 연상케 해 이름이 생겨났어요. 역삼각형 얼굴, 큰 귀, 밝은 크림색과 옅은 황갈색 등 털에 반점이 있는 것이 특징이며, 영리하고 학습 능력이 높으며 호기심 가득한 이들은 적극적으로 움직이고 노는 것을 좋아해요.

　귀여운 발랄함을 가진 발리네즈는 주인에게 깊은 애정을 보이며 온화한 성격을 가지고 있어 아이들과 다른 동물들과도 잘 어울린답니다. 혼자 있는 것을 싫어해 주인이 적극적으로 관심을 기울여야 한다고 해요.

일반적인 수명은 15~22년으로 고양이 중에서 오래 사는 편으로 울음소리도 크다고 하네요.

## 기억력 테스트 **바르게 연결하세요.**

**노르웨이 숲고양이** •
Norwegian forest cat

•

**라가머핀** •
Ragamuffin

•

**맹크스 고양이** •
Manx cat

•

**메인 쿤** •
Maine Coon

•

**발리네즈** •
Balinese

•

## 02 귀여운 냥냥이

 11. 버만 Birman

 12. 버미즈 Burmese

 13. 봄베이 Bombay cat

 14. 브리티시 쇼트헤어 British Shorthair

 15. 아메리칸 쇼트헤어 American shorthair

 16. 시베리안 고양이 Siberian

 17. 샴 고양이 Siamese cat

 18. 샤트룩스 Chartreux

 19. 셀커크 렉스 Selkirk Rex

 20. 소말리 somali, Felis catus

# 11. 버만
(Birman)

| 자라난 곳 | 미얀마 |
|---|---|
| 몸무게 | 약 4~8 kg |
| 발생 | 자연 발생 종 |

버만은 버마(현재의 미얀마)사원에서 승려들과 함께 지내며 신성시되던 고양이로 2차 세계대전으로 멸종위기에 처했으나 프랑스에 남아 있던 한 쌍에 의해 간신히 종을 유지할 수 있었어요. 1967년 국제고양이애호가협회(CFA)에 등록되었다고 해요.

머리는 둥글고 넓으며 귀 끝은 좀 두꺼운 편이고 눈은 아름다운 푸른색을 띠고 있어요.

새끼의 경우 하얀 털로 태어나 시간이 지나면서 귀, 코, 꼬리부터 색이 변한다고 하네요.

비슷한 외형의 발리네즈와 구분되는 가장 큰 특징은 발끝이 마치 하얀 장갑을 끼고 있는 것처럼 보인다는 점이에요.

영리하고 호기심이 많아 놀기를 좋아하지만 느긋하고 조용하여 다른 동물을 괴롭히는 경우가 거의 없으며 주인에 대한 애착이 많아 무릎 위에 올라가 쉬는 것을 좋아해요.

전설에 따르면, 사파이어(진한 파랑) 눈빛의 황금색 여신을 모시던 사원에서 승려가 고양이를 길렀어요. 그러나 전쟁이 발생해 그 고양이를 돌봐주던 승려가 살해당하자, 고양이는 승려의 죽은 몸에 올라갔어요. 그 결과, 흰 고양이는 황금색 털과 사파이어 같은 눈동자를 가지게 되었고, 승려의 몸에 닿은 부분만 하얀(순결의 상징) 발로 남게 되었다고 전해져요.

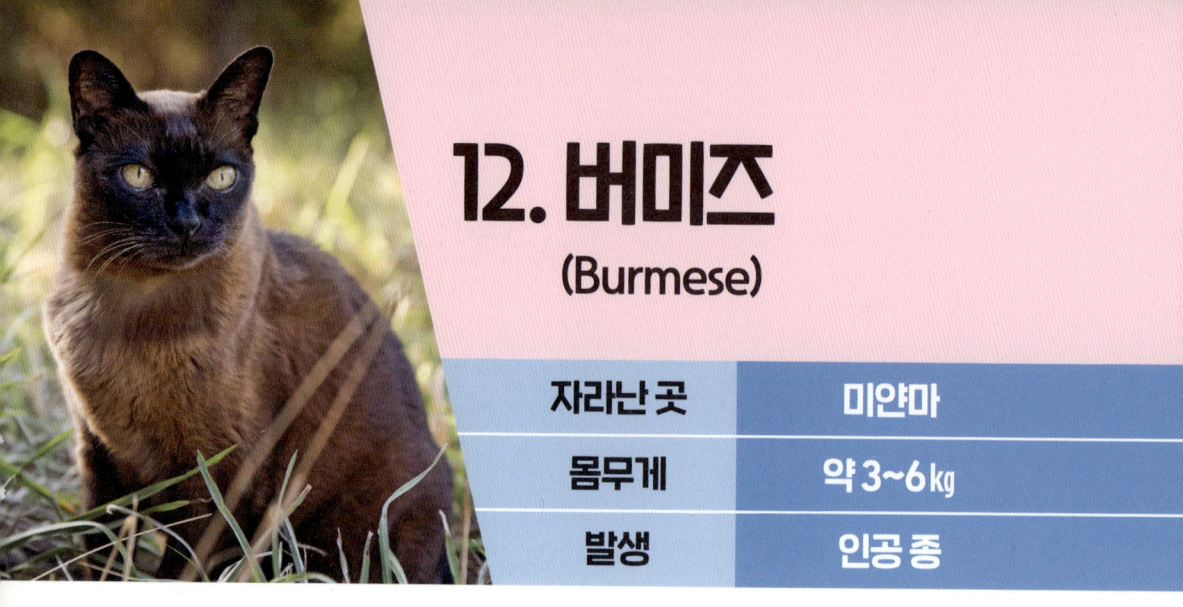

# 12. 버미즈
(Burmese)

| 자라난 곳 | 미얀마 |
|---|---|
| 몸무게 | 약 3~6㎏ |
| 발생 | 인공 종 |

　버미즈는 1930년경 미얀마에서 미국으로 전해진 웡마우 고양이와 샴 고양이와의 교배로 생겨난 품종으로 1936년 국제고양이애호가협회(CFA)에 처음 등록되었으나 샴 고양이와 차이점이 뚜렷하지 않아 품종을 철회했다가 이후 사람들이 품종을 인정받기 위해 노력했고 결국 다시 품종으로 인정받았다고 해요. 그런 버미즈는 미국과 유럽에서 각각 교배되어 아메리칸 버미즈와 유러피언 버미즈가 있으며 각각 별도의 고양이 종으로 등록이 되었다고 해요.

　버미즈의 털의 색깔은 황갈색, 갈색 등 다양한 색상으로 나타나며 털이 짧고 빛이 날 정도로 윤기가 나고 부드러우며 활동적인 성격을 가진 품종이에요. 성장하면서 조금은 안정적인 성격을 가지게 되지만, 여전히 집안을 즐겁게 누비며 높은 곳을 탐험하는 것을 좋아해요.

　호기심이 많아 사교적이며, 주인과 가족을 포함한 어린이, 다른 동물,

낯선 사람에게도 잘 적응해서 가정에서도 기르기에 적합한 품종이라고 해요. 그러나 '야옹야옹' 소리가 작고 부드러우나, 대화를 즐기기 때문에 엄청 수다스럽답니다.

# 13. 봄베이
(Bombay)

| 자라난 곳 | 미국/영국 |
|---|---|
| 몸무게 | 약 3~5㎏ |
| 발생 | 인공 종 |

　봄베이는 미국 봄베이와 영국 봄베이 두 종류가 있는데, 1958년에 미국 봄베이는 버미즈와 아메리칸 쇼트헤어의 교배에 의하여, 영국 봄베이는 버미즈와 브리티시 쇼트헤어를 교배하여 태어났어요. 인도의 흑표범을 닮았다고 해서 봄베이라는 이름을 갖게 되었다고 해요.

　유럽에서 가장 흔히 기르는 고양이 중 하나인 봄베이는 코부터 발바닥까지 전혀 다른 색이 섞여 있지 않은 검은색을 띠고 있으며 아몬드형의 금색 눈이 인상적으로 윤기 나고 매끄러운 털이 온몸에 빽빽하게 나 있어요.

　주인과 가족 모두에게 애정이 강하고 주인 곁에 있는 것을 좋아해 장난을 치기도 하고 옆에 와서 앉아 있기도 해요. 다른 고양이와 강아지와도 함께 잘 놀기도 하고 장난치는 것을 좋아하는 성격이지만, 관찰하는 것을 즐기는 차분함도 있답니다.

힘이 좋고 점프력이 뛰어나 높은 곳에 올라가는 것을 좋아하지만 오랜 시간을 혼자 보내는 것을 좋아하지 않아 혼자 두지 않는 게 좋다고 해요.

# 14. 브리티시 쇼트헤어
## (British Shorthair)

| 자라난 곳 | 영국 |
|---|---|
| 몸무게 | 약 5~10kg |
| 발생 | 자연 발생 종 |

　브리티시 쇼트헤어는 영국의 브리튼 섬에서 오랫동안 독자적인 특징을 가지며 발전해 왔으며 영국과 유럽에서 매우 인기 있는 품종으로 '이상한 나라의 앨리스'에 등장하는 체셔 고양이가 이 고양이를 모델로 한 것으로 알려져 있다고 해요.

　전체적으로 동글동글한 체형에 비교적 크고 둥근 머리에 통통한 볼살이 있어서 심술쟁이로 보이기도 한답니다. 단단한 근육질 몸매에 짧고 굵은 목과 다리를 가지고 있으며, 털은 짧고 촘촘히 나 있어요. 블랙이나 화이트 등 다른 털색도 있지만 대부분 청회색의 털색을 가지고 있다고 해요.

　평온하고 차분한 성격으로 인내심이 강해 다른 동물과도 잘 어울리는 편이에요. 주인을 대하는 마음도 따뜻하고 애정 가득하며, 늘 같이 있을 때 행복해한답니다. 그러나 스킨십이나 안아 주는 것은 좋아하지 않고 곁에 머무는 것을 좋아해요. 또한, 놀이를 좋아하지만 혼자서도 잘 논다고 하네요.

# 15. 아메리칸 쇼트헤어
## (American Shorthair)

| 자라난 곳 | 미국 |
|---|---|
| 몸무게 | 약 4~8kg |
| 발생 | 자연 발생 종 |

아메리칸 쇼트헤어는 1620년 영국 청교도들이 신대륙(지금의 미국)을 찾아 배를 타고 떠났는데 많은 사람들이 바다에 있어야 했기에 곡식 저장고에 곡식을 가득 실었어요. 하지만 그 당시 쥐 때문에 곡식을 다 갉아먹고 병을 옮기는 등 피해가 심해 쥐를 잡기 위한 전문 고양이가 필요했답니다. 그때 있던 이 고양이들이 아메리칸 쇼트헤어의 기원(뿌리)이라고 해요.

머리가 둥글고 볼이 통통하며 근육이 발달되어 있어요. 목이 짧고 양 귀 사이가 넓으며 털은 짧고 굵은 편이며 뻣뻣해요. 털의 굵기는 계절과 지역에 따라 달라지고 색은 다양하지만 대부분 줄무늬(태비)를 가지고 있어요. 아메리칸 와이어헤어와 외형은 비슷하나 털이 곱슬거리지 않는 다는 차이가 있어요.

용감하고 온화한 성격을 가졌으며 밝고 명랑한 성향이 있어요. 활기

차게 놀기를 좋아하고 아이들과 다른 동물들과도 잘 어울려요. 하지만 독립적인 성격으로, 가끔 혼자 있을 때를 즐기기도 해요. 또한, 맛있는 음식을 좋아해 과식할 수 있기 때문에 충분한 놀이 시간을 제공해주는 것이 중요하답니다.

# 16. 시베리안 고양이
## (Siberian)

| 자라난 곳 | 러시아 |
|---|---|
| 몸무게 | 약 4~10kg |
| 발생 | 자연 발생 종 |

시베리안 고양이는 농장 등지에서 쥐를 잡는 데 키워 왔던 고양이로 사냥에 뛰어나고 매우 민첩해요. 또한, 시베리아의 추운 환경에 적응해야 했기 때문에 중간 길이의 두껍고 긴 털이 나 있는데, 속 털과 겉 털이 삼중으로 빽빽하게 있어요. 날씨가 추운 겨울에는 속 털이 더욱 두텁고 촘촘해지고, 머리에는 약간 길고 풍부한 장식 털이 있으며, 가슴에는 짧고 두꺼운 털이 있다고 해요.

그러나 추운 지방에서 적응하였기에 불볕더위에는 취약하므로 열사병에 주의하여야 한답니다. 건강하고 강한 체력을 가짐으로 인해 전염병에는 튼튼하다고 해요.

완전히 성장하는 데 약 5년 정도의 시간이 걸리며, 성격이 상냥하고 영리해서 애정 표현도 잘 하며 애교도 뛰어나요.

활력 넘치고 독립적인 성격 덕분에 밖에서 활동하는 것을 정말 즐기기도 하며 이 고양이는 고양이의 알레르기 주요 원인 '단백질 Fel d1'가 다른 고양이들에 비해 상당히 낮아서 고양이 알레르기를 겪는 사람들에게도 좋은 선택이 될 수 있다고 하네요.

# 17. 샴 고양이
## (Siamese cat)

| 자라난 곳 | 태국 |
|---|---|
| 몸무게 | 약 3~6 kg |
| 발생 | 자연 발생 종 |

　1700년경부터 존재한 샴 고양이는 태국 왕실에서 키웠던 고양이로 시암 고양이라고도 불리며 1884년 왕의 선물로 받은 고양이 한 쌍을 영국으로 가져오면서 세상에 널리 알려지게 되었어요.

　전체적으로는 회백색이나 황갈색의 가늘고 짧은 털로 덮여 있으며 귀, 꼬리, 주둥이, 다리 등에 진한 색의 포인트가 있어 독특한 매력을 가지고 있어요. 털 색상은 다양하지만, 눈은 선명한 사파이어(진한 파랑)색으로 아름답게 빛나며, 몸 상태나 온도 변화에 따라 털 색깔이 짙어지거나 연한 빛으로 변하기도 한답니다.

　호기심과 애교가 많아 주인과 가까

이 지내기를 좋아하는 편이에요. 언제나 주인과 함께하길 원하며, 안기거나 쓰다듬어 주는 것을 정말 좋아해요. 온순하고 차분한 성격으로 처음 보는 사람에게도 친근하지만 외로움을 잘 타며 질투심이 강하답니다. 또한, 우아한 외모와 달리 잔소리가 매우 심한 수다쟁이로 목소리도 크다고 하네요.

# 18. 샤트룩스
## (Chartreux)

| 자라난 곳 | 프랑스 |
| --- | --- |
| 몸무게 | 약 4~6kg |
| 발생 | 인공 종 |

　샤트룩스는 프랑스 수도원에서 살던 고양이로 '프랑스의 귀공자'라 불리기도 하였으며 특유의 얼굴 표정 때문에 '미소 짓는 고양이'라고도 불렀어요.

　러시안 블루, 브리티시 쇼트헤어와 닮아 혼동되는 경우가 많은데 러시안 블루는 녹색 계열의 눈동자와 이마가 평평하고 샤트룩스는 오렌지 계열의 눈동자와 머리는 둥글고 넓으며 볼이 통통해요. 브리티시 쇼트헤어와 샤트룩스은 체형이 비슷해 더 구별하기 어려운데 샤트룩스는 턱이 좁아 입에 모양이 웃는 것처럼 보이는 게 특징이라고 해요.

　몸집에 비하여 발이 작아 걸음걸이가 독특한 샤트룩스는 점잖고 차분한 성격을 갖고 있어요. 평소 햇살이 가득한 창가에서의 낮잠을 즐기며 거의 울지도 않는다고 해요, 다른 고양이들에 비해 사람과 어울리기를 좋아하며, 영리하고 충성심이 깊어요. 그런 성격 덕분에 아이들이나

낯선 사람들과도 잘 어울리며, 가정에서 기르기에도 매우 적합하답니다.

# 19. 셀커크 렉스
(Selkirk Rex)

| 자라난 곳 | 미국 |
|---|---|
| 몸무게 | 약 4~7kg |
| 발생 | 돌연변이 |

셀커크 렉스는 미국의 몬태나주에서 처음 발견한 고양이로 특이한 곱슬거리는 털과 턱수염을 가진 돌연변이로 태어났으며 주변에 있던 셀커크산의 이름을 따서 불리게 되었어요.

아메리카 쇼트헤어, 브리티시 쇼트헤어, 이그저틱, 페르시아 고양이 등과의 교배를 통해 현재의 셀커크 렉스가 되었다고 해요.

우람한 골격에 단단한 몸을 가지고 있으며 털의 색깔은 실버, 베이지, 검정 등 다양하며 긴 털과 짧은 털 두 종류의 품종이 있어요. 털은 매끈하고 풍성하면서 느슨하게 감겨 있고 다른 품종에 비해 털 날림도 적다고 하네요. 둥근 머리에는 호두 형의 큰 눈이 빛을 발하고 있으며 새끼 때 귀엽게 돌돌 말린 수염은 누구나 반할 만한 매력을 가지고 있답니다.

참을성과 끈기를 가진 느긋한 성격을 지녔으며, 공격적이지 않아 어린아이와 다른 동물과도 잘 어울려요. 낯선 환경에도 금방 적응하고 주인과 친해지는 시간도 빠르며 충성도 또한 높다고 해요. 스킨십을 좋아해 쓰다듬어 주는 등 따뜻한 사랑을 전해주는 것이 좋답니다.

# 20. 소말리
(somali)

| 자라난 곳 | 영국 |
|---|---|
| 몸무게 | 약 3~6㎏ |
| 발생 | 돌연변이 |

　소말리는 1950년대에 아비시니안 고양이의 돌연변이로 소말리아 국가 이름에서 유래되었어요.

　아비시니안 고양이와 매우 비슷한 외모로 가장 큰 차이는 '여우 같은 고양이'라는 별명처럼 두툼한 꼬리와 긴 털을 가지고 있어요.

　큰 눈은 아몬드 형태로 황금색이나 초록색이며, 눈 주변에는 마치 화장을 한 것처럼 검은 줄이 있어요. 털 색상은 적갈색, 붉은색, 푸른색, 연한 갈색 등이 있으며 울음소리는 매우 아름답고 작게 들리며, 방울같이 맑고 깨끗한 소리가 난다고 하네요.

활동적이고 운동을 즐기는 이 친구는 호기심이 많아서 캣 타워 등 점프와 오르기를 즐길 수 있는 충분한 공간이 필요해요. 주인과 함께 있는 시간을 정말 좋아해서 자주 같이 놀아줄 수 있어야 해요. 또한, 식욕이 좋아서 체중이 쉽게 증가할 수 있으니 적절한 운동과 적정량의 음식을 제공하는 것이 좋답니다.

# 기억력 테스트 **바르게 연결하세요.**

**버미즈** •
Burmese

**시베리안 고양이** •
Siberian

**샤트룩스** •
Chartreux

**셀커크 렉스** •
Selkirk Rex

**소말리** •
somali, Felis catus

# 03 멋있는 냥냥이

 **21. 아비시니안 고양이** Abyssinian cat

 **22. 스핑크스** Sphynx

 **23. 싱가퓨라** Singapura

 **24. 하바나 브라운** Havana brown

 **25. 아메리칸 밥테일** American bobtail

 **26. 아메리칸 컬** American curl

 **27. 페르시안 고양이** Persian cat

 **28. 스코티시 폴드** Scottish Fold

 **29. 오리엔탈** Oriental

 **30. 오시캣** Ocicat

# 21. 아비시니안 고양이
(Abyssinian cat)

| 자라난 곳 | 에티오피아 |
|---|---|
| 몸무게 | 약 3~6㎏ |
| 발생 | 자연 발생 종 |

　아비시니안 고양이는 역사 깊은 품종으로, 에티오피아 나라의 옛 이름 아비시니안의 이름에서 유래되었으며 고대 이집트 피라미드의 벽화나 조각상에서 그 흔적을 찾아볼 수 있어 이집트 파라오 궁전에서 기르던 고양이의 자손이라는 설도 있다고 해요.

　1868년 전쟁 때 이 고양이를 영국 병사가 데려와 미국과 영국 등지로 전해져 오늘날 개냥이로 잘 알려진 품종이랍니다.

　아비시니안 고양이는 날씬한 몸매와 근육질의 특징을 가지고 있는데 다리는 가늘고 발은 작으며 귀는 비교적 크고 끝이 뾰족해요.

　털은 촘촘하고 짧으며 대표적인 털 색은 붉은색을 띤 갈색, 노란색을 띤 갈색 등이 있어요.

　호기심이 많고 활동적이며 주변 환경을 탐험하는 것을 좋아해 주인이 놀아주지 않으면 온 집안을 자기 마음대로 휘젓고 다니는 말썽꾸러기라고 해요. 그러나 매우 영리해 훈련시키기 편한 품종으로 주인을 잘 따르며 울음소리도 잘 내는 편이 아니라고 해요.

　대부분 고양이들은 물을 싫어하는데 아비시니안은 물놀이를 좋아한답니다.

# 22. 스핑크스
## (Sphynx)

| 자라난 곳 | 캐나다 |
|---|---|
| 몸무게 | 약 3.5~7kg |
| 발생 | 돌연변이 |

　스핑크스 고양이는 이름 때문에 이집트에서 온 것으로 오해하는 사람이 많지만 1955년 캐나다 토론토에서 자연적으로 발생한 돌연변이로 고양이 중에서도 매우 비싼 몸값을 자랑해요.

　몸의 털이 거의 없고 매우 부드러운 솜털로 피부 전체를 덮여 있어, 부드러운 복숭아를 만지는 것 같은 느낌이 들어요. 새끼의 경우 쪼글쪼글한 주름을 가지고 태어나며 성장함에 따라 주름이 점진적으로 없어진다고 해요.

　털이 없지만, 유분기(기름 따위)가 많아 자주 목욕을 시켜줘야 하며, 외부 기온 변화에 민감해서 따뜻한 날씨와 차가운 날씨 모두에 약해, 실내에서 돌봐주는 것이 좋아요. 사랑받는 것을 매우 좋아하고 애교가 가장 많은 고양이 중 하나이며 순하기는 하지만 사교적이고 장난기가 많으며 활동적인 편이라 주변 곳곳을 많이 돌아다닌다고 해요.

# 23. 싱가푸라
(Singapura)

| 자라난 곳 | 싱가포르 |
| --- | --- |
| 몸무게 | 약 2~4㎏ |
| 발생 | 자연 발생 종 |

싱가푸라는 세계에서 가장 작은 고양이의 품종으로 '작은 요정'이라고 불리며 특히 새끼 고양이는 매우 사랑스러운 요정이라는 단어가 잘 어울린답니다. 싱가포르의 국가 마스코트로 지정되면서 유명해지기 시작했어요.

통통한 체형과 짧으며 굵은 목이 특징이며, 커다란 귀와 눈 주위에 아름다운 검은 무늬가 화장처럼 그려져 있어 더욱 크고 동글동글 해 보인답니다. 이마에는 M자로 무늬가 나타나며 높이 솟은 광대뼈도 인상적이에요. 털은 짧고 부드러우며 추위에 약해 실내에서 키우는 게 좋다고 해요.

싱가푸라는 온화한 성격의 고양이로, 거의 울지 않아 '울지 않는 고양이'로 유명해요. 온

순하고 똑똑하여 다루기 쉽고 어느 정도의 훈련을 배울 수도 있어요. 활동적이며 호기심이 많은 이 고양이는 장난을 좋아하며 사람을 잘 따른다고 해요. 주인에 대한 애정이 많아 끼어들어 떨어지지 않으며 어깨에 올라가거나 무릎 위에서 잠을 자기도 한답니다. 집고양이 중 가장 작은 고양이로 기네스북에 오르기도 하였어요.

# 24. 하바나 브라운
## (Havana Brown)

| 자라난 곳 | 영국 |
|---|---|
| 몸무게 | 약 3~5kg |
| 발생 | 인공 종 |

하바나 브라운은 영국의 검은 고양이와 샴 고양이를 교배해서 태어났으며 코와 발바닥까지 온몸이 진한 갈색으로 쿠바의 수도 하바나의 최고급 시가(담배)의 색을 띠고 있어 이름이 유래되었다고 해요.

부드러우면서도 광택이 나는 털은 진한 갈색이 많으며 특이한 점은 까맣거나 흰 수염이 나는 일반 고양이와 달리 하바나브라운은 갈색 수염이 나며 눈은 녹색 계열의 색을 띠고 있다고 해요.

매우 상냥하고 사교적인 성격을 가지고 있어요. 민첩하고 활동량이 많으며 높은 장소에 올라가는 것을 좋아해요. 다른 고양이들이나 친절한 반려동물들과도 잘 어울려 노는 걸 즐기며, 어린이들과도 잘 노는 편으

로 새끼 때에는 아기 우는 소리와 비슷하게 들리고 다 자라면 부드럽고 조용한 소리를 내지만 수다쟁이라고 하네요.
 하바나 브라운 고양이는 번식력이 낮아 개체 수가 매우 적은 고양이 품종이랍니다.

# 25. 아메리칸 밥테일
## (American Bobtail)

| 자라난 곳 | 미국 |
| --- | --- |
| 몸무게 | 약 3~7kg |
| 발생 | 자연 발생 종 |

아메리칸 밥테일은 'bobtail'이라는 이름에서 알 수 있듯이, 짧게 자른 꼬리의 뜻으로 다른 고양이들의 절반 길이에도 못 미치는 꼬리가 매력적인 게 특징이며 재패니즈 밥테일과 체형, 꼬리가 비슷해 보여도 유전적으로 관련이 없다고 해요.

솜털같이 부드럽고 짧은 속 털과 거친 겉 털의 이중모로 전체적으로 털이 여름에는 짧고 겨울에는 길어지는 특징이 있어요. 다양한 털색과 무늬를 가지고 있으며 어른 고양이가 되기까지 완전히 성장하는데 2~3년 동안 매우 천천히 성장하는 편이라고 해요.

외국에서는 아메리칸 밥테일은 성격이 온화하고 사람을 좋아해 '고양이 세계의 골든 리트리버'라고 해요. 낯선 사람과 환경에도 금

세 적응하여 집안을 즐겁게 돌아다니곤 하지요. 주인과 가족이 부르면 아주 상냥하고 따뜻한 반응으로 보답을 해요. 또한, 주변을 날아다니는 곤충을 잡아내는 능숙한 사냥꾼으로 활력이 넘치는 성격도 가지고 있답니다.

# 26. 아메리칸 컬
## (American Curl)

| 자라난 곳 | 미국 |
|---|---|
| 몸무게 | 약 3~5kg |
| 발생 | 자연 발생 종 |

아메리칸 컬은 1981년 캘리포니아에서 발견된 두 마리의 고양이 중 뒤쪽으로 접힌 귀를 가지고 있던 한 마리가 이 품종의 기원이라고 해요. 보통 고양이의 귀는 연골이 부드러워 자유자재로 움직일 수 있는데 아메리칸 컬은 사람처럼 연골이 단단한 편으로 자유자재로 움직이지 못해서 귀를 청소해줄 때 절대 잡아당겨서 청소해 주면 안 된다고 해요. 또한, 귀 모양은 태어난 후 며칠이 지나면 천천히 변하기 시작하는데, 어른 고양이가 될 때까지 귀 모양은 크게 3단계 (90도부터 180도까지 젖혀짐)로 구분되면서 변화한다고 해요.

털은 풍성하고 부드러워 잘 엉키지 않아 털 관리가 쉬운 편에 속한다고 해요. 장모(긴 털)종과 단모(짧은 털)종이 모두 있으며 털의

색은 매우 다양하고 무늬 역시 다양해요. 영리하고 명랑하여 어린아이나 다른 동물이 있는 가정에서 키우기에도 좋으며 스킨십을 즐겨서 좋아하는 사람에게는 적극적으로 애정을 표현한다고 해요.

# 27. 페르시안 고양이
## (Persian cat)

| 자라난 곳 | 아시아 (이란, 아프가니스탄) |
|---|---|
| 몸무게 | 약 3~6㎏ |
| 발생 | 인공 종 |

 페르시안 고양이는 이름에서 알 수 있듯이 페르시아(현 이란) 때부터 함께 한 고양이로 털이 긴 고양이의 대표적인 품종으로 가늘고 풍성하며 부드러운 감촉과 윤기가 나는데 특히 가슴의 장식 털이 풍부해요. 털 빠짐은 많다고 하네요.

 넓고 둥근 머리와 납작한 얼굴을 가진 이 고양이는 코와 주둥이가 작고 납작하여 눈물이 쉽게 나오고, 잠들 때 코 고는 소리도 가끔 난다고 해요. 그래서 눈과 코 주변을 젖은 수건으로 잘 닦아주고, 사랑과 관심을 다루며 세심하게 신경을 써주어야 한답니다.

 매우 조용하고 세련되며 우아한 성격으로 '고양이의 귀부인'이라는 애칭을 갖고 있는 이 고양이는 활동성이 낮아 누

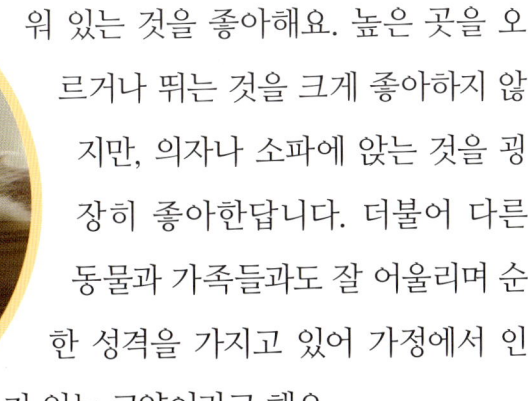

워 있는 것을 좋아해요. 높은 곳을 오르거나 뛰는 것을 크게 좋아하지 않지만, 의자나 소파에 앉는 것을 굉장히 좋아한답니다. 더불어 다른 동물과 가족들과도 잘 어울리며 순한 성격을 가지고 있어 가정에서 인기 있는 고양이라고 해요.

# 28. 스코티시 폴드
(Scottish Fold)

| 자라난 곳 | 영국 |
|---|---|
| 몸무게 | 약 4~7kg |
| 발생 | 돌연변이 |

　스코티시 폴드는 스코틀랜드(영국을 이루는 네 구성국 중 하나)의 어느 농장에서 양치기가 귀가 접힌 새끼 고양이를 발견하였는데 이 고양이가 최초의 스코티시 폴드로 Fold(귀가 접힌)란 이름이 붙게 되었어요.

　올빼미처럼 둥글고 통통한 머리에 목이 짧아 몸통과 머리 구분이 모호해 몸이 더 둥글둥글해 보이며 올빼미, 요정, 아기곰이란 애칭이 있어요. 귀가 접힌 외형이 가장 눈에 띄지만, 접히지 않는 귀를 가진 새끼 고양이가 태어나기도 하며 몇 주가 지나면 귀가 접히는지 아닌지가 결정이 난다고 해요.

　매우 부드러운 성격과 작은 울음소리로 조용하며 겁이 없고 적응력이 뛰어나 낯선 사람이나 동물과 빠르게 친해

질 수 있어요. 이러한 특징 때문에 어린아이나 다른 동물과 함께 사는 가정에서 아름다운 조화를 이루며 초보분들이 키우기 좋은 고양이라고 해요.

영화 장화신은 고양이의 모델이라고도 하네요.

# 29. 오리엔탈
## (Oriental)

| 자라난 곳 | 영국, 미국 |
|---|---|
| 몸무게 | 약 3~6kg |
| 발생 | 인공 종 |

　오리엔탈 고양이는 다양한 색과 무늬를 가진 품종을 얻기 위해 샴 고양이를 기본으로 해서 페르시아 고양이, 브리티시 쇼트헤어, 아비시니안 등 교배를 통해 개량된 품종이라고 해요.

　고양이 체형을 나눌 때 크게 6가지 체형이 나누는데, 그중 오리엔탈 체형은 가늘고 긴 몸, 긴 다리와 큰 귀를 가지고 있어요. 이 고양이가 오리엔탈 체형으로 이는 오리엔탈 고양이의 체형을 따 지은 것이라고 해요.

　또한, 오리엔탈 고양이는 털의 색과 무늬가 매우 다양하여 300여 종이 넘는다고 알려져 있으며 털이 긴 오리엔탈 롱헤어와 털이 짧은 오리엔탈 쇼트헤어로 나뉜다고 하네요.

　오리엔탈 고양이는 매우 활발하고 높은 점프력과 운동

량이 많아 높은 곳으로 뛰어오르거나 끊임없이 구석구석 장난감을 찾아 놀아 달라고 해요. 목소리 또한 다양하여 기분이나 요구를 표현하기도 하며, 주인에 대한 애정이 매우 깊어 놀아 달라고 적극적으로 소리를 내며 몸을 비비고 어깨에 올라타기도 한답니다.

## 30. 오시캣
### (Ocicat)

| 자라난 곳 | 미국 |
|---|---|
| 몸무게 | 약 5~8kg |
| 발생 | 인공 종 |

오시캣 고양이는 1964년 미국에서 아비시니안과 샴 고양이가 교배되어 탄생한 품종이라고 해요. 그 이후에는 아메리칸 쇼트헤어와도 교배

되어, 지금의 우아한 오시캣으로 개량되었답니다. 표범 무늬가 매력적인데, 야생 고양이인 오실롯과 닮았기 때문에 오시캣이라고 부르게 되었어요.

 단단하고 날렵한 외형을 가진 품종으로 새끼 고양이 때는 줄무늬 느낌을 주지만, 자라면서 표범처럼 아름다운 진한 색의 얼룩이나 점들이 퍼져 있는 매력적인 모습이 된다고 해요. 털은 짧고 얇아서 부드럽게 느껴지며 광택이 나는 털이 온몸을 덮고 있어요.

 야생 고양이의 멋진 외모와는 다르게 실제 성격은 매우 헌신적이고 애교가 많은 사랑스러운 개냥이 스타일이라고 해요. 울음소리도 거의 들리지 않거나 작아서, 집에서 기르기에 아주 알맞답니다. 다른 동물 친구들과도 잘 어울려 지내지만, 낯선 사람들에게는 강한 경계심을 보이기도 해요. 그리고 혼자 있는 것을 별로 좋아하지 않아서, 함께 놀아주는 것이 좋다고 하네요.

기억력 테스트 **바르게 연결하세요.**

**스핑크스**
Sphynx

**하바나 브라운**
Havana brown

**페르시안 고양이**
Persian cat

**스코티시 폴드**
Scottish Fold

**오시캣**
Ocicat

# 04 매력있는 냥냥이

 **31. 이그저틱** exotic

 **32. 이집션 마우** Egyptian Mau

 **33. 자바니즈** Javanese

 **34. 코니시 렉스** Cornish Rex

 **35. 코라트** Korat

 **36. 터키시 반** Turkish Van

 **37. 터키시 앙고라** Turkish Angora

 **38. 통키니즈** Tonkinese

 **39. 아메리칸 와이어헤어** American wirehair

 **40. 한국 고양이**

# 31. 이그저틱
## (Exotic)

| 자라난 곳 | 미국 |
|---|---|
| 몸무게 | 약 4~6kg |
| 발생 | 인공 종 |

　이그저틱 고양이는 1960년경 미국에서 아메리칸 쇼트헤어와 페르시아 고양이를 교배해서 태어난 품종으로 이름인 '이그저틱'은 이국적이고 독특하다는 의미라고 해요.

　넓고 납작한 얼굴, 이마와 코, 턱은 거의 일직선을 이루고 있어 전체적인 외형은 페르시아 고양이와 비슷하면서 짧은 털과 색, 무늬는 아메리칸 쇼트헤어 고양이를 닮았어요.

　흑색, 청색, 청황색, 황색, 흰색 등 다양한 털 색을 가지고 있으며 부드럽고 풍성하여 매우 매력적이라고 해요.

　호기심 많으면서 조용하고 얌전한 성격을 가지고 있어, 혼자 있는 것보다 주인이나 가족과 함께하는 시간을 더욱 소중하게 여겨요. 사랑스럽게 무릎에 앉거나 잠자는 것을 좋아해 침대에서 함께 잠을 자기도 해요. 우는 소리가 작고 낯가림이 크지 않아 어린아이들과 다른 동물 친구들과도 잘 지낸답니다.
　세계에서 가장 유명한 고양이 중 하나로 애니메이션 캐릭터 '가필드 고양이'의 모델이기도 해요.

# 32. 이집션 마우
## (Egyptian Mau)

| 자라난 곳 | 이집트 |
|---|---|
| 몸무게 | 약 4~6kg |
| 발생 | 자연 발생 종 |

이집션 마우 고양이의 마우는 이집트어로 고양이를 뜻하며 피라미드 벽화에서 이집션 마우와 닮은 고양이가 그려져 있다고 해요.

근육이 잘 발달한 날렵한 몸으로 집고양이 중 유일하게 자연 발생적인 점박이 무늬가 있어요. 털의 길이는 짧지도 길지도 않으며 몸 바탕에 회색, 갈색, 검은색 계통의 털 색깔을 가지고 있어요.

뒷다리가 앞다리보다 길며 옆구리에서 뒷무릎까지 느슨하게 늘어진 피부는 달리고 점프하는 데 도움을 준다고 해요. 집고양이들 중 가장 빠른 것으로 알려져 있으며 그 속도가 무려 시속 48km 정도라고 하네요.

낯선 사람에게 조금 주눅이 들어

경계를 보이지만, 시간이 지나 친해지면 사랑스러운 장난과 애교가 많다고 해요. 조용한 성격임에도 활동량이 많아 주변을 돌아다니고, 선반이나 캣 타워 같은 곳에 오르는 것을 좋아해요. 또한, 더운 곳에서 와서 그런지 다른 품종에 비해 온도에 민감하며, 포근한 곳을 찾아 즐긴다고 하네요.

# 33. 자바니즈
## (Javanese)

| 자라난 곳 | 미국 |
|---|---|
| 몸무게 | 약 3~5kg |
| 발생 | 인공 종 |

　자바니즈 고양이는 1950년대 발리네즈와 샴 고양이, 컬러포인트 쇼트헤어의 교배를 통해 만들어진 품종으로 기본적인 외형은 발리네즈와 비슷하나 털의 색깔에서 차이가 있어요.

　일반적으로 발리네즈는 크게 4가지의 털(갈색 털에 엷은 황갈색의 반점, 고동색 털에 황갈색의 반점, 흰 털에 밝은 푸른색의 반점, 몸 전체가 밝은 크림색)을 가지고 있고 이 경우에 포함되지 않을 때는 자바니즈 고양이라고 해요.

　자바니즈는 발리네즈와 매우 유사한 성격으로, 주인에 대한 깊은 애정을 가지고 있어 굉장히 온화한 성격을 가지고 있답니다. 그래서 아이들과 다른 동물들과도 무척 잘 지내는 편이에요.

애교도 상당히 많아서 주인이 부를 필요도 없이 소리를 들으면 스스럼없이 다가온다고 하네요. 그리고 발리네즈와 울음소리가 매우 비슷하여 착각하기 쉽다고 해요.

# 34. 코니시 렉스
(Cornish Rex)

| 자라난 곳 | 영국 |
|---|---|
| 몸무게 | 약 4~6kg |
| 발생 | 돌연변이 |

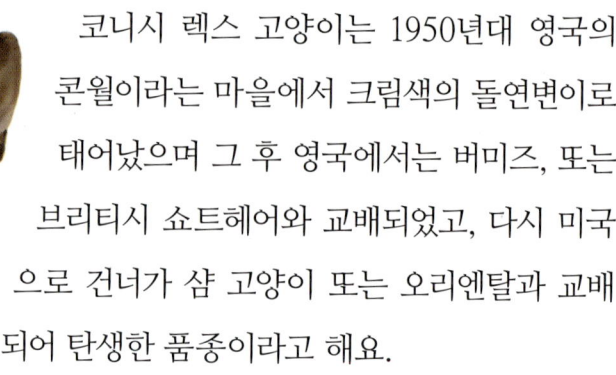

코니시 렉스 고양이는 1950년대 영국의 콘월이라는 마을에서 크림색의 돌연변이로 태어났으며 그 후 영국에서는 버미즈, 또는 브리티시 쇼트헤어와 교배되었고, 다시 미국으로 건너가 샴 고양이 또는 오리엔탈과 교배되어 탄생한 품종이라고 해요.

짧고 곱슬한 털이 촘촘히 있으며 목 부분에는 은은한 은색 털이 나 있답니다. 작고 귀여운 체구에 큰 귀, 길게 뻗은 꼬리와 다리가 특징으로 개 중에서 그레이하운드와 닮았어요. 얼굴은 독특한 계란형으로 독보적인 매력을 가졌으며, 눈과 털 색깔은 다양하다고 하네요.

  온화하고 똑똑하여 낯선 사람과 동물들과도 친숙하게 지낼 수 있어요. 호기심이 많고 장난치기도 정말 좋아해서 마구마구 뛰어놀며 다정하게 애교를 부리곤 해요. 사람 곁에 있는 것을 좋아한다고 하네요.

  추위와 더위에 약해 실내에서 키우는 것이 좋다고 해요.

# 35. 코라트
## (Korat)

| | |
|---|---|
| 자라난 곳 | 태국 |
| 몸무게 | 약 4~6kg |
| 발생 | 자연 발생 종 |

　코라트 고양이는 태국의 코랫 지방에서 그 뿌리를 두고 있는 오랜 역사를 가진 품종이에요. 당시에 이 고양이는 '행운을 가져다주는 고양이'로 믿어 특별한 사람에게만 선물로 주었다고 하며 행복의 상징으로 소중하게 여겼다고 해요.

　머리는 독특한 하트 모양으로 녹색 눈을 가지고 있으며 가슴은 넓고 귀는 크며 끝부분은 둥그스름해요. 근육질의 몸에 털은 짧고 가늘며 몸통 쪽의 털은 연한 청색 빛이 나고 중간은 진한 청색, 털의 끝부분으로 갈수록 은색 빛을 띤다고 해요. 러시안 블루와 비슷하지만, 러시안 불루의 얼굴이 더 평평하다고 하네요.

조용한 성격으로 매우 영리하며 외톨이가 되는 것을 싫어해요. 주인에 대한 애정이 커서 근처에서 멀리 벗어나려 하지 않으며 질투심이 강해 어리광을 잘 부린다고 해요.
털 빠짐이 적고 초보자가 실내에서 키우기에 좋다고 하네요.

# 36. 터키시 반
## (Turkish Van)

| | |
|---|---|
| 자라난 곳 | 튀르키예 |
| 몸무게 | 약 4~8kg |
| 발생 | 자연 발생 종 |

　터키시 반 고양이는 호수 주변에 발견된 품종으로 수영을 좋아해 '수영하는 고양이'로 알려져 있어요. 터키시 앙고라와 비슷해 보이지만 터키시 반은 머리와 꼬리에 포인트 컬러가 있고, 꼬리가 뭉뚝한 편이라고 해요.

　어른 고양이가 되기까지 3~5년 정도로 다소 느리게 성장하는 편이며 둥글둥글한 머리 모양에 진한 노란빛을 띤 주황색이나 청색의 큰 눈을 가지고 있어요.

　머리와 꼬리를 제외하면 전체적으로 하얀색을 띠며 드물게 등 부분에 색이 있는 경우가 있으며 계절의 따라 털의 길이가 바뀌며 방수 기능의 털을 가진 게 특징이라고 해요.

　호기심이 많고 활동성이 많아 좁은 공간에 오래 있으면 스트레스를 받아 공격적인 성향이 생겨 캣 타워, 캣폴 등 수직 공간을 많이 만들어

주면 좋다고 해요.

　독립성이 강하지만 사람을 좋아하는 편으로 먼저 다가와 장난을 치기도 하며 수영이나 목욕을 즐긴다고 해요.

# 37. 터키시 앙고라
## (Turkish Angora)

| 자라난 곳 | 튀르키예 |
|---|---|
| 몸무게 | 약 4~6kg |
| 발생 | 자연 발생 종 |

터키시 앙고라 고양이는 타타르족이 기르던 집고양이로 프랑스를 거쳐 유럽에 소개되면서 귀족들로부터 인기 종이 되었지만, 페르시안 고양이와 교배를 통해 순혈종이 거의 사라졌다가 튀르키예에서 이 품종을 중요하게 여겨 번식 프로그램에 의해 다시 부활했다는 설이 있어요.

다양한 색상과 무늬를 지니고 있으나 흰색 털이 가장 많으며 녹색, 노란색, 푸른색 등 다양한 눈의 색을 가지고 있어요. 신기하게도 양쪽 눈의 색이 각각 다른 오드아이를 가진 개체도 있는데요, 이러한 고양이들은 귀가 잘 들리지 않는 경우가 많다고 하네요.

고양이 계의 발레리나로 발걸음이 가볍고 우아하여 매우 인기가 많은 품종이라고 해요. 매우 똑똑하고 주인에 대한 애정과 충성심을 가지고 있으며, 활발하고 성미가 급한 성격을 가졌어요. 장난을 좋아하고 재롱을 잘 부리지만 자기 자신만의 개인 시간이 꼭 필요한 편으로 높은 곳에서 편안하게 쉬는 것을 좋아한답니다.

# 38. 통키니즈
## (Tonkinese)

| 자라난 곳 | 미국, 캐나다 |
|---|---|
| 몸무게 | 약 4~6㎏ |
| 발생 | 인공 종 |

    통키니즈 고양이는 1960년대 캐나다에서 샴 고양이와 버미즈의 교배로 태어난 품종으로 초기에는 통카니즈라는 이름을 가지고 있었으나 베트남의 통킹만의 이름을 따서 통키니즈가 품종으로 인정받았어요.

    샴 고양이의 영향으로 귀, 꼬리, 주둥이, 다리 등에 진한 색의 포인트가 있으며 푸른 눈을 가지고 있어요. 촘촘한 털의 길이는 짧고 촉감이 매우 부드러우며 털 빠짐이 적은 편이라 일주일에 한두 번 정도 빗질해주면 좋다고 해요.

    활동량이 상당히 많아서 캣 타워나 캣폴 같은 수직 공간을 잘 활용하고, 장난감으로 종종 놀아주는 것이 좋다고 해요. 지루함과 외로움을 잘 견디지 못해 주인을 찾아다니거나 자주 울기도 한답니다. 사람들과 함께 있는 것을 좋아하며, 주인 곁에서 멀리 떨어지지 않으려고 졸졸 따라다니고 안기는 것도 좋아한다고 하네요.

# 39. 아메리칸 와이어헤어
## (American Wirehair)

| 자라난 곳 | 미국 |
|---|---|
| 몸무게 | 약 4~8kg |
| 발생 | 돌연변이 |

아메리칸 와이어헤어 고양이는 1966년 뉴욕의 한 농장에서 다섯 마리의 새끼 중에서 붉은색과 흰색이 섞인 곱슬거리는 털을 가진 돌연변이가 최초라고 해요.

아메리칸 쇼트헤어와 거의 비슷한 품종으로 아메리칸 와이어헤어가 더 활동적이고 거친 느낌의 곱슬거리는 털이 가장 큰 특징이며 수염까지도 곱슬곱슬하다고 하네요.

털 색깔은 흰색, 검은색, 갈색 등 다양하며 무늬 또한 줄무늬, 얼룩무늬 등 다양하다고 해요.

적응력이 뛰어나 낯선 공간에 있어도 빠르게 적응하는 편으로 사교성이 좋아 낯선 사람에게도 먼저 다가간다고 해요. 그리고 어린아이나 동물들과도 빠르게 친해지기 때문에 가정에서 키우기에도 좋다고 해요.

　애교가 많고 주인과 노는 걸 좋아해 직접 장난감을 물어오기도 하지만 독립적인 성향도 있으며 다른 고양이와 같이 있을 때는 왕 노릇을 하려는 경향이 있다고 하네요.

# 40. 한국 고양이
## (Korean Shorthair)

| 자라난 곳 | 한국 |
|---|---|
| 몸무게 | 약 4~6kg |
| 발생 | 자연 발생 종 |

한국의 길고양이를 '코리안 쇼트헤어'나 '코숏'이라 부르기도 해요. 그러나 '나비'의 애칭이 더 유명하답니다.

예전에는 쌀가게마다 쥐로부터 쌀을 지키려고 보통 한두 마리의 고양이를 키웠는데 요즘은 이를 쉽게 찾아볼 수 없다고 하네요.

## 다양한 고양이 털색

**삼색 고양이** 흰색의 비중이 높으며 다양한 색으로 조합된다고 해요.

**치즈태비 고양이** 몸 전체가 치즈와 같은 노란, 주황색으로 되어 있어요.

**올블랙 고양이** 검은색을 가졌지만, 성격은 온순한 경우가 많다고 해요.

**턱시도 고양이** 흰색과 검은색 등으로 턱시도를 입은 거 같다고 해요.

**카오스 고양이** 삼색 고양이와 비슷하나 더 강력한 색을 가지고 있으며 암컷 가능성이 99%라고 해요.

**고등어태비 고양이** 고등어 등과 비슷한 줄무늬가 있는 고양이라고 해요. ☺

## 기억력 테스트 바르게 연결하세요.

이그저틱 •
exotic

코니시 렉스 •
Cornish Rex

코라트 •
Korat

터키시 앙고라 •
Turkish Angora

아메리칸 와이어헤어 •
American wirehair

## 고양이에 대해 **좀 더 알아보기**

### 독에 대한 민감성

   고양이는 사람이나 개와 같은 동물에 비해 해독력(독기를 없애는 능력)이 떨어지는 편이라 가정에서 안전하다고 생각되는 물질도 고양이에게는 위험할 수 있다고 해요.

   사람이 먹는 음식도 고양이에게 독성을 띨 수 있는데, 예를 들어 초콜릿이나 양파, 파, 부추 등 고양이에게는 독성이 있는 식품이고 백합, 튤립 등 이러한 식물도 고양이에게는 치명적일 수 있으니 먹거나 냄새를 맡지 않도록 주의하도록 해요.

### 습성

   고양이는 높은 곳을 좋아하는 습성이 있어 탑처럼 높게 만든 캣 타워를 만들어주는 것이 좋다고 해요. 그러나 캣 타워를 좋아하지 않는 고양이도 있다고 하네요.

   또한, 고양이는 물을 적게 먹는 습성이 있는데 이는 사람과 달리 땀을 통해 열관리를 하지 않기 때문에 몸에 많은 수분량이 필요하지 않다고 해요.

# 정답

28쪽
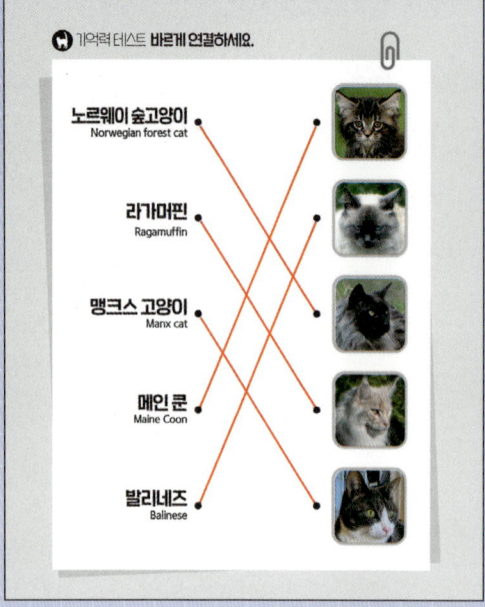

50쪽
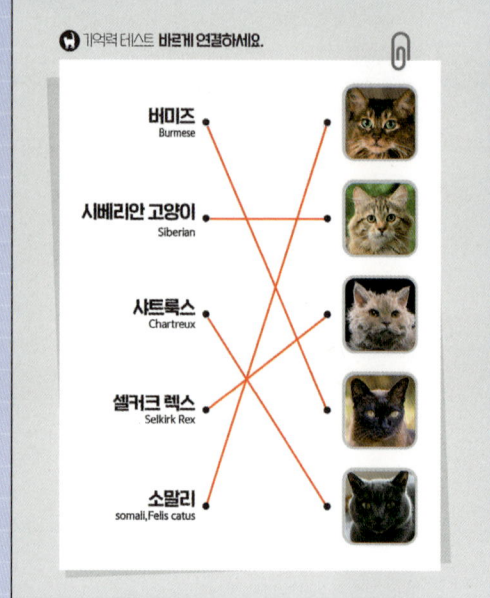

72쪽
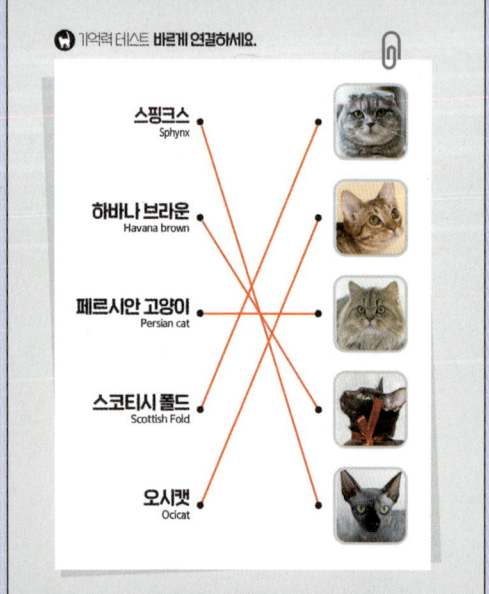

94쪽
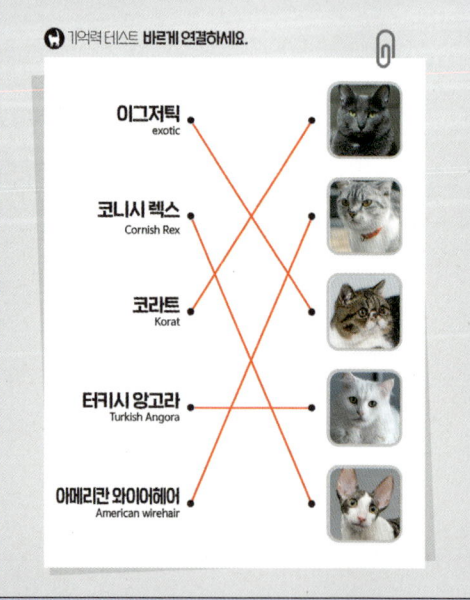